AF408143

The Litte Sun And Other Bilingual Spanish-English Stories for Kids

Pomme Bilingual

Published by Pomme Bilingual, 2024.

While every precaution has been taken in the preparation of this book, the publisher assumes no responsibility for errors or omissions, or for damages resulting from the use of the information contained herein.

THE LITTE SUN AND OTHER BILINGUAL SPANISH-ENGLISH STORIES FOR KIDS

First edition. August 10, 2024.

Copyright © 2024 Pomme Bilingual.

ISBN: 979-8227970817

Written by Pomme Bilingual.

Table of Contents

El Viento y el Murmullo de los Sueños

Había una vez un viento que vivía en un pequeño rincón del mundo, donde el cielo se juntaba con la tierra en un abrazo interminable de colores suaves. Este viento, a quien llamaban Brisa, no era como los demás vientos. Mientras que otros soplaban con fuerza, rugiendo y aullando a través de los campos y ciudades, Brisa era diferente. Él susurraba. Susurraba tan suavemente que a veces solo los árboles más atentos y las flores más delicadas podían escuchar sus palabras.

Brisa no era poderoso ni temido, pero tenía un don que lo hacía especial. Era el guardián de los sueños de los niños. Todas las noches, cuando las estrellas brillaban en el cielo como pequeñas luces de esperanza, Brisa comenzaba su viaje. Volaba por encima de los tejados, deslizándose a través de las ventanas abiertas, y se colaba en los sueños de los más pequeños. No traía pesadillas ni temores; en su lugar, pintaba cuadros de paisajes lejanos, de aventuras mágicas, y de criaturas amistosas que solo existían en los lugares más profundos de la imaginación.

Una noche, Brisa se encontró con un niño llamado Mateo. Mateo era un niño con ojos grandes y curiosos que siempre estaban llenos de preguntas, pero aquella noche estaba triste. Había perdido su juguete favorito, un pequeño oso de peluche que su abuela le había regalado. Mateo lo había buscado por toda la casa sin suerte, y ahora estaba convencido de que nunca lo volvería a ver.

Brisa sintió la tristeza de Mateo como una pesada nube gris que quería envolver al niño en su oscuridad. Entonces, decidió ayudarlo. Con un suave susurro, Brisa entró en el sueño de Mateo y lo llevó a un campo verde donde el sol brillaba cálido y el cielo era tan azul como el mar más profundo. Allí, bajo un gran árbol lleno de hojas doradas, Mateo encontró su oso de peluche, sentado sobre una piedra como si lo estuviera esperando.

Mateo corrió hacia su amigo perdido, y cuando lo abrazó, sintió que todo estaba bien de nuevo. Brisa se aseguró de que el niño se sintiera seguro y feliz, y cuando el sol del sueño comenzó a ponerse, llevó a Mateo de vuelta a su cama, susurrándole al oído: "Siempre que me necesites, estaré aquí. Solo cierra los ojos y escucha."

Al día siguiente, Mateo se despertó sintiéndose más tranquilo. Aunque el oso de peluche aún no había aparecido, la tristeza había disminuido. Sabía que de alguna manera, todo estaría bien. Esa tarde, mientras jugaba en el jardín, un fuerte viento sopló, y para su sorpresa, allí, bajo el viejo roble, estaba su oso de peluche. Justo donde Brisa le había mostrado en su sueño.

Mateo sonrió y levantó la vista al cielo. Sentía que, de alguna manera, el viento era su amigo. Desde entonces, cada vez que escuchaba el murmullo del viento entre los árboles o sentía una suave caricia en su mejilla, Mateo sonreía, sabiendo que Brisa estaba cerca, cuidando de sus sueños y protegiendo sus esperanzas.

Con el tiempo, Mateo compartió su historia con otros niños, y pronto, Brisa se convirtió en un amigo querido para muchos. Cada vez que un niño se sentía solo o perdido, escuchaba el susurro del viento y encontraba consuelo en la promesa de que no estaba solo. Brisa continuaba volando por el mundo, llevando consigo los sueños de los niños, asegurándose de que siempre hubiera un lugar donde pudieran encontrar la paz y la felicidad.

Y así, el viento, con su suave susurro, se convirtió en el guardián de los sueños, un amigo invisible pero siempre presente, recordando a todos los niños que la esperanza y la felicidad siempre están a un suspiro de distancia.

The Wind and the Whisper of Dreams

Once upon a time, there was a wind that lived in a small corner of the world where the sky met the earth in an endless embrace of soft colors. This wind, named Breeze, was not like other winds. While others blew fiercely, roaring and howling through fields and cities, Breeze was different. He whispered. He whispered so softly that sometimes only the most attentive trees and the most delicate flowers could hear his words.

Breeze was not powerful or feared, but he had a gift that made him special. He was the guardian of children's dreams. Every night, when the stars shone in the sky like tiny lights of hope, Breeze began his journey. He flew over rooftops, slipping through open windows, and into the dreams of the little ones. He didn't bring nightmares or fears; instead, he painted pictures of distant landscapes, magical adventures, and friendly creatures that existed only in the deepest parts of the imagination.

One night, Breeze met a boy named Mateo. Mateo was a child with big, curious eyes always full of questions, but that night he was sad. He had lost his favorite toy, a small teddy bear his grandmother had given him. Mateo had searched the entire house without success, and now he was convinced he would never see it again.

Breeze felt Mateo's sadness like a heavy gray cloud that wanted to wrap the boy in its darkness. So, he decided to help him. With a gentle whisper, Breeze entered Mateo's dream and took him to a green field where the sun shone warmly, and the sky was as blue as the deepest sea. There, under a great tree filled with golden leaves, Mateo found his teddy bear, sitting on a stone as if it had been waiting for him.

Mateo ran to his lost friend, and when he hugged it, he felt that everything was right again. Breeze made sure the boy felt safe and happy, and as the dream sun began to set, he took Mateo back to his bed, whispering in his ear, "Whenever you need me, I'll be here. Just close your eyes and listen."

The next day, Mateo woke up feeling calmer. Although the teddy bear hadn't yet reappeared, the sadness had diminished. He knew that somehow, everything would be okay. That afternoon, while playing in the garden, a strong wind blew, and to his surprise, there, under the old oak tree, was his teddy bear. Just where Breeze had shown him in his dream.

Mateo smiled and looked up at the sky. He felt that somehow, the wind was his friend. From then on, whenever he heard the wind whispering through the trees or felt a gentle touch on his cheek, Mateo would smile, knowing that Breeze was nearby, taking care of his dreams and protecting his hopes.

Over time, Mateo shared his story with other children, and soon, Breeze became a beloved friend to many. Whenever a child felt lonely or lost, they would listen to the wind's whisper and find comfort in the promise that they were not alone. Breeze continued to fly around the world, carrying with him the dreams of children, ensuring that there was always a place where they could find peace and happiness.

And so, the wind, with its soft whisper, became the guardian of dreams, an invisible but ever-present friend, reminding all children that hope and happiness are always just a breath away.

La Canción que Vivía en el Corazón

Había una vez, en un pequeño pueblo rodeado de montañas, un niño llamado Lucas. Lucas era un niño curioso y soñador, con ojos que reflejaban las estrellas y una sonrisa que iluminaba cualquier lugar. Lo que hacía a Lucas verdaderamente especial era su amor por la música. No solo amaba escuchar canciones, sino que sentía que las melodías vivían dentro de él, como si cada nota estuviera tejida en su ser.

Desde que era muy pequeño, Lucas podía escuchar una canción que parecía seguirlo a todas partes. No importaba si estaba jugando en el jardín, caminando hacia la escuela, o incluso durmiendo en su cama, siempre había una melodía suave y cálida que susurraba en su corazón. No era una canción que conociera de algún lugar; era su propia canción, una melodía que nadie más parecía escuchar.

Un día, Lucas decidió preguntar a su madre sobre esa canción que siempre escuchaba. Mientras se sentaban juntos en la cocina, Lucas le dijo: "Mamá, hay una canción que vive en mi corazón. La escucho todo el tiempo, pero no sé de dónde viene. ¿Crees que es real?"

La madre de Lucas, una mujer sabia y amorosa, sonrió suavemente y le acarició el cabello. "Oh, mi querido Lucas," respondió, "la canción que escuchas es única, porque proviene de tu alma. Es una canción que te acompaña porque eres tú quien la ha creado, y mientras mantengas tu corazón abierto, esa melodía siempre te guiará."

Lucas se sintió reconfortado por las palabras de su madre, pero aún había algo que no entendía. "Pero mamá," continuó, "¿por qué soy el único que la escucha? ¿Por qué nadie más puede oírla?"

Su madre lo miró con ternura. "Cada persona tiene su propia canción, Lucas," explicó. "Algunos la escuchan más fuerte, otros la sienten solo en momentos especiales. Es la canción de quién eres, de tus sueños, tus miedos y tus esperanzas. Nadie más puede escucharla porque está hecha solo para ti. Pero si aprendes a compartirla con el mundo, tu canción podrá tocar el corazón de otros."

Esa noche, Lucas se fue a la cama pensando en lo que su madre le había dicho. Se preguntaba cómo podría compartir su canción con el mundo. Mientras cerraba los ojos, la melodía en su corazón comenzó a sonar más fuerte, envolviéndolo como un abrazo cálido. Y en su sueño, Lucas vio un campo lleno de flores, cada una cantando una melodía diferente. Era como si el mundo entero estuviera vivo con canciones, todas distintas, todas hermosas.

Cuando Lucas despertó, supo lo que debía hacer. Tomó la pequeña guitarra que su abuelo le había regalado, un instrumento que hasta ese momento solo había usado para jugar. Se sentó en el borde de su cama, cerró los ojos, y dejó que la melodía en su corazón guiara sus manos. Al principio, los acordes eran torpes, y las notas parecían esconderse. Pero poco a poco, la canción comenzó a tomar forma, fluyendo a través de sus dedos y llenando la habitación con su sonido.

La canción era suave, como una brisa de verano, pero también tenía la fuerza de una tormenta lejana. Era alegre y triste a la vez, una mezcla de todas las emociones que Lucas había sentido en su vida. Mientras tocaba, algo increíble sucedió. La melodía en su corazón no solo se escuchaba dentro de él, sino que ahora resonaba en el aire, como si el mundo mismo estuviera cantando junto a él.

Los días pasaron, y Lucas siguió tocando su canción, cada vez con más confianza. La llevó consigo a la escuela, donde sus amigos, al principio sorprendidos, comenzaron a escuchar con atención. "Esa canción es hermosa, Lucas," dijeron algunos. "Nunca había escuchado algo así antes."

Lucas sonreía, sabiendo que estaba compartiendo una parte de sí mismo con ellos.

Pronto, todo el pueblo comenzó a hablar de la hermosa melodía que Lucas tocaba. La gente se detenía a escuchar cuando pasaba por la calle, y algunos incluso empezaron a tararear la canción mientras trabajaban o paseaban por el mercado. Era como si la canción de Lucas hubiera despertado algo en todos, un recordatorio de que cada uno de ellos también tenía una canción en su corazón.

Una tarde, mientras tocaba en el parque, una anciana se le acercó. Tenía el rostro lleno de arrugas, pero sus ojos brillaban con una luz especial. "Lucas," dijo con una voz suave pero clara, "tu canción me recuerda a una que conocí hace mucho tiempo. Es una melodía que había olvidado, pero que siempre estuvo en mi corazón. Gracias por traerla de vuelta."

Lucas se sintió emocionado al escuchar esas palabras. Nunca había pensado que su canción podría ayudar a otros a recordar sus propias melodías. Desde ese día, se dio cuenta de que su música tenía un poder especial, un poder que no provenía solo de las notas o de las cuerdas de su guitarra, sino de la conexión que creaba entre las personas.

Así, Lucas siguió tocando su canción, y cada vez que lo hacía, algo mágico sucedía. Las personas que lo escuchaban comenzaban a recordar sus propios sueños, sus propias canciones. Algunos comenzaban a cantar, otros a bailar, y algunos simplemente cerraban los ojos y dejaban que la música los llevara a un lugar donde se sentían en paz.

Y así, la canción de Lucas vivió por siempre, no solo en las notas que tocaba, sino en los corazones de aquellos que la escucharon y encontraron en ella un reflejo de su propia melodía. Porque en el fondo, cada uno de nosotros lleva una canción en el corazón, esperando ser descubierta, compartida, y amada.

The Song that Lived in the Heart

———

Once upon a time, in a small town surrounded by mountains, there was a boy named Lucas. Lucas was a curious and dreamy child, with eyes that reflected the stars and a smile that could light up any place. What made Lucas truly special was his love for music. He didn't just love listening to songs; he felt that melodies lived within him, as if each note was woven into his being.

Since he was very young, Lucas could hear a song that seemed to follow him everywhere. It didn't matter if he was playing in the garden, walking to school, or even sleeping in his bed; there was always a soft and warm melody whispering in his heart. It wasn't a song he knew from anywhere; it was his own song, a melody that no one else seemed to hear.

One day, Lucas decided to ask his mother about the song he always heard. As they sat together in the kitchen, Lucas said, "Mom, there's a song that lives in my heart. I hear it all the time, but I don't know where it comes from. Do you think it's real?"

Lucas's mother, a wise and loving woman, smiled gently and stroked his hair. "Oh, my dear Lucas," she replied, "the song you hear is unique because it comes from your soul. It's a song that accompanies you because you have created it, and as long as you keep your heart open, that melody will always guide you."

Lucas felt comforted by his mother's words, but there was still something he didn't understand. "But Mom," he continued, "why am I the only one who hears it? Why can't anyone else hear it?"

His mother looked at him tenderly. "Everyone has their own song, Lucas," she explained. "Some hear it louder, others only feel it at special moments. It's the song of who you are, of your dreams, your fears, and your hopes. No one else can hear it because it's made just for you. But if you learn to share it with the world, your song can touch others' hearts."

That night, Lucas went to bed thinking about what his mother had said. He wondered how he could share his song with the world. As he closed his eyes, the melody in his heart began to play louder, wrapping him in a warm embrace. And in his dream, Lucas saw a field full of flowers, each one singing a different melody. It was as if the whole world was alive with songs, all different, all beautiful.

When Lucas woke up, he knew what he had to do. He took the small guitar his grandfather had given him, an instrument he had only played with until then. He sat on the edge of his bed, closed his eyes, and let the melody in his heart guide his hands. At first, the chords were clumsy, and the notes seemed to hide. But little by little, the song began to take shape, flowing through his fingers and filling the room with its sound.

The song was soft, like a summer breeze, but it also had the strength of a distant storm. It was joyful and sad at the same time, a mixture of all the emotions Lucas had felt in his life. As he played, something incredible happened. The melody in his heart was not only heard within him but now resonated in the air, as if the world itself was singing along with him.

Days passed, and Lucas kept playing his song, each time with more confidence. He took it with him to school, where his friends, initially surprised, began to listen attentively. "That song is beautiful, Lucas," some said. "I've never heard anything like it before." Lucas smiled, knowing he was sharing a part of himself with them.

Soon, the whole town began talking about the beautiful melody Lucas played. People would stop to listen when he passed by on the street, and some even started humming the song while they worked or strolled through the market. It was as if Lucas's song had awakened something in everyone, a reminder that each of them also had a song in their heart.

One afternoon, while playing in the park, an elderly woman approached him. She had a face full of wrinkles, but her eyes shone with a special light. "Lucas," she said in a soft but clear voice, "your song reminds me of one I knew a long time ago. It's a melody I had forgotten, but that always lived in my heart. Thank you for bringing it back."

Lucas felt moved by her words. He had never thought his song could help others remember their own melodies. From that day on, he realized that his music had a special power, a power that didn't just come from the notes or the strings of his guitar, but from the connection it created between people.

So, Lucas kept playing his song, and every time he did, something magical happened. The people who listened began to remember their own dreams, their own songs. Some started to sing, others to dance, and some simply closed their eyes and let the music take them to a place where they felt at peace.

And so, Lucas's song lived on forever, not just in the notes he played, but in the hearts of those who listened and found in it a reflection of their own melody. Because deep down, each of us carries a song in our heart, waiting to be discovered, shared, and loved.

El Secreto de la Felicidad

Había una vez un pequeño pueblo llamado Alegría, situado en el valle más hermoso que puedas imaginar. Rodeado de montañas cubiertas de niebla suave y campos de flores que danzaban con el viento, Alegría era un lugar donde el sol siempre brillaba y las estrellas parecían más brillantes por la noche. Sin embargo, aunque su nombre sugería felicidad, los habitantes del pueblo a menudo se sentían insatisfechos. Buscaban la felicidad en las cosas que poseían o en los logros que alcanzaban, pero siempre parecía escaparles.

En este pintoresco pueblo vivía un niño llamado Tomás. Tomás era conocido por su risa contagiosa y su espíritu curioso. Siempre estaba buscando respuestas a preguntas que otros nunca se atrevían a hacer. Un día, mientras paseaba por los jardines del pueblo, Tomás se encontró con una anciana sentada en un banco bajo un gran roble. Tenía el rostro lleno de arrugas, pero sus ojos brillaban con una luz cálida y sabia.

"Buenos días, abuela," saludó Tomás con una sonrisa. "¿Qué haces aquí sola?"

La anciana lo miró y le devolvió la sonrisa. "Buenos días, querido. Estoy aquí, como siempre, disfrutando del canto de los pájaros y del viento en los árboles."

Tomás se sentó junto a ella, intrigado. "Abuela, he estado pensando mucho en algo. Todos en el pueblo parecen estar buscando la felicidad, pero nadie parece encontrarla. ¿Sabes tú cuál es el secreto de la felicidad?"

La anciana lo miró detenidamente, y después de un momento de silencio, respondió: "La felicidad no es algo que puedas encontrar como un tesoro escondido. La felicidad, Tomás, es una semilla que todos llevamos dentro. Pero no todos saben cómo hacerla crecer."

"¿Una semilla?" preguntó Tomás, con los ojos muy abiertos. "¿Cómo puedo hacer crecer mi semilla de felicidad?"

La anciana sonrió con ternura. "Ah, querido Tomás, cada semilla necesita algo diferente para crecer. Para algunos, es amor; para otros, es amabilidad; y para otros, es gratitud. La clave es descubrir lo que tu semilla necesita, y luego nutrirla todos los días."

Tomás pensó en esto mientras caminaba de regreso a casa. Esa noche, mientras estaba en la cama, no podía dejar de pensar en lo que la anciana había dicho. ¿Qué necesitaría su semilla de felicidad para crecer? Decidió que a la mañana siguiente comenzaría a buscar.

Al día siguiente, Tomás salió al campo y decidió preguntar a las personas que encontraba lo que pensaban sobre la felicidad. Primero se encontró con un granjero que estaba cuidando sus cultivos.

"Señor, ¿qué es la felicidad para usted?" preguntó Tomás.

El granjero se rió y dijo: "La felicidad para mí es ver mis campos verdes y llenos de vida. Cuando cuido de mis plantas y veo cómo crecen fuertes y sanas, siento una paz que me llena de alegría."

Tomás agradeció al granjero y continuó su camino. Luego, encontró a una niña que estaba jugando con su perro.

"¿Qué es la felicidad para ti?" le preguntó Tomás.

La niña sonrió y respondió: "La felicidad es jugar con mi perro y reír juntos. Es cuando me siento libre y ligera como una pluma, y todo lo malo parece desaparecer."

Tomás pensó en las respuestas mientras seguía caminando. Pronto, se encontró con un hombre mayor que estaba sentado a la sombra de un árbol, leyendo un libro.

"Señor, ¿puedo hacerle una pregunta?" dijo Tomás.

El hombre levantó la vista de su libro y asintió. "Por supuesto, hijo. ¿Qué quieres saber?"

"¿Qué es la felicidad para usted?" preguntó Tomás.

El hombre mayor cerró su libro y reflexionó por un momento. "La felicidad, para mí, es la tranquilidad de una vida bien vivida. Es saber que he amado, que he sido amado, y que he dejado algo bueno en este mundo."

Tomás agradeció al hombre por su respuesta y se despidió. Mientras regresaba a casa, empezó a darse cuenta de algo importante: cada persona tenía una idea diferente de lo que era la felicidad. Pero había algo en común en todas sus respuestas. Cada uno encontraba felicidad en algo que amaba profundamente, algo que les hacía sentir vivos.

Esa noche, Tomás se acostó pensando en todo lo que había aprendido. Comprendió que su semilla de felicidad también debía ser nutrida con las cosas que amaba. Decidió que al día siguiente comenzaría a hacer más de esas cosas que lo hacían sentir feliz, incluso si parecían pequeñas o simples.

Así, al día siguiente, Tomás empezó a dedicar tiempo a las cosas que amaba. Pasaba más tiempo en la naturaleza, admirando la belleza de las flores y escuchando el canto de los pájaros. También se aseguraba de ser amable con todos a su alrededor, regalando sonrisas y ayudando a quien lo necesitara. Y cada noche, antes de dormir, pensaba en todas las cosas por las que estaba agradecido, desde el calor de su cama hasta la amabilidad de la anciana que había compartido su sabiduría con él.

Poco a poco, Tomás empezó a notar algo maravilloso. Cuanto más nutría su semilla de felicidad, más crecía dentro de él una sensación de alegría y paz. Ya no se preocupaba por encontrar la felicidad en cosas externas o en lo que los demás pensaran. Su felicidad venía de adentro, de las cosas simples y significativas que hacía cada día.

Con el tiempo, los habitantes del pueblo comenzaron a notar el cambio en Tomás. Parecía estar siempre de buen humor, siempre dispuesto a compartir una palabra amable o a ofrecer su ayuda. Las personas se sentían atraídas por su alegría, y algunos empezaron a preguntarle cómo lo hacía.

Tomás sonreía y compartía lo que había aprendido de la anciana. Les contaba sobre la semilla de felicidad que todos llevaban dentro, y cómo necesitaba ser nutrida con amor, amabilidad y gratitud. Pronto, otros en el pueblo comenzaron a seguir el ejemplo de Tomás. Empezaron a prestar más atención a las cosas que amaban, a ser más amables entre ellos, y a agradecer por las pequeñas cosas de la vida.

El cambio en el pueblo fue asombroso. Alegría empezó a hacer honor a su nombre, y las personas comenzaron a sentir una verdadera felicidad que no dependía de lo que poseían o de lo que lograban. Era una felicidad que venía del corazón, una que crecía y florecía en las pequeñas acciones de cada día.

Tomás siguió creciendo, y con los años se convirtió en un hombre sabio y respetado en el pueblo. Nunca olvidó la lección que había aprendido de la anciana bajo el roble, y siempre se aseguró de compartir su sabiduría con los demás. Vivió una vida plena y feliz, rodeado de personas que también habían aprendido a nutrir sus propias semillas de felicidad.

Y así, la historia de Tomás y su semilla de felicidad se convirtió en una leyenda en Alegría, un recordatorio eterno de que la verdadera felicidad no se encuentra en lo que poseemos, sino en cómo elegimos vivir nuestras vidas. Porque la felicidad, como una semilla, necesita ser cuidada y nutrida con amor, amabilidad y gratitud para crecer y florecer.

The Secret of Happiness

O nce upon a time, there was a small town called Joy, nestled in the most beautiful valley you can imagine. Surrounded by mountains shrouded in soft mist and fields of flowers that danced with the wind, Joy was a place where the sun always shone and the stars seemed brighter at night. However, despite its name suggesting happiness, the town's inhabitants often felt unsatisfied. They sought happiness in the things they owned or the achievements they reached, but it always seemed to elude them.

In this picturesque town lived a boy named Tomás. Tomás was known for his infectious laughter and curious spirit. He was always seeking answers to questions others never dared to ask. One day, while strolling through the town's gardens, Tomás met an elderly woman sitting on a bench beneath a large oak tree. Her face was full of wrinkles, but her eyes shone with a warm, wise light.

"Good morning, Grandma," Tomás greeted her with a smile. "What are you doing here alone?"

The old woman looked at him and returned the smile. "Good morning, dear. I'm here, as always, enjoying the birds' song and the wind in the trees."

Tomás sat beside her, intrigued. "Grandma, I've been thinking a lot about something. Everyone in town seems to be searching for happiness, but no one seems to find it. Do you know the secret to happiness?"

The old woman looked at him thoughtfully, and after a moment of silence, she replied, "Happiness isn't something you can find like hidden treasure. Happiness, Tomás, is a seed that we all carry inside. But not everyone knows how to make it grow."

"A seed?" Tomás asked, his eyes wide. "How can I make my happiness seed grow?"

The old woman smiled tenderly. "Ah, dear Tomás, every seed needs something different to grow. For some, it's love; for others, it's kindness; and for others, it's gratitude. The key is to discover what your seed needs, and then nourish it every day."

Tomás thought about this as he walked back home. That night, as he lay in bed, he couldn't stop thinking about what the old woman had said. What would his happiness seed need to grow? He decided that the next morning, he would begin his search.

The next day, Tomás went out into the fields and decided to ask the people he met what they thought about happiness. First, he came across a farmer tending his crops.

"Sir, what is happiness to you?" Tomás asked.

The farmer laughed and said, "Happiness for me is seeing my fields green and full of life. When I take care of my plants and see them grow strong and healthy, I feel a peace that fills me with joy."

Tomás thanked the farmer and continued on his way. Then, he found a little girl playing with her dog.

"What is happiness to you?" Tomás asked her.

The girl smiled and replied, "Happiness is playing with my dog and laughing together. It's when I feel free and light as a feather, and all the bad things seem to disappear."

Tomás thought about their answers as he kept walking. Soon, he came across an older man sitting under a tree, reading a book.

"Sir, may I ask you a question?" Tomás said.

The man looked up from his book and nodded. "Of course, son. What do you want to know?"

"What is happiness to you?" Tomás asked.

The older man closed his book and reflected for a moment. "Happiness, for me, is the tranquility of a life well-lived. It's knowing that I have loved, that I have been loved, and that I have left something good in this world."

Tomás thanked the man for his answer and said goodbye. As he walked back home, he began to realize something important: each person had a different idea of what happiness was. But there was something common in all their answers. Each found happiness in something they loved deeply, something that made them feel alive.

That night, Tomás lay in bed thinking about all he had learned. He realized that his happiness seed also needed to be nourished with the things he loved. He decided that the next day, he would start doing more of the things that made him feel happy, even if they seemed small or simple.

So, the next day, Tomás began dedicating time to the things he loved. He spent more time in nature, admiring the beauty of the flowers and listening to the birds' song. He also made sure to be kind to everyone around him, offering smiles and helping those in need. And every night before bed, he thought about all the things he was grateful for, from the warmth of his bed to the kindness of the old woman who had shared her wisdom with him.

Little by little, Tomás began to notice something wonderful. The more he nourished his happiness seed, the more a sense of joy and peace grew inside him. He no longer worried about finding happiness in external things or what others thought. His happiness came from within, from the simple and meaningful things he did every day.

Over time, the town's people began to notice the change in Tomás. He always seemed to be in a good mood, always ready to share a kind word or offer his help. People were drawn to his joy, and some began asking him how he did it.

Tomás would smile and share what he had learned from the old woman. He would tell them about the happiness seed everyone carried inside, and how it needed to be nourished with love, kindness, and gratitude. Soon, others in the town began to follow Tomás's example. They started paying more attention to the things they loved, being kinder to each other, and being grateful for the small things in life.

The change in the town was remarkable. Joy began to live up to its name, and people started to feel a true happiness that didn't depend on what they owned or achieved. It was a happiness that came from the heart, one that grew and blossomed in the small actions of each day.

Tomás continued to grow, and over the years he became a wise and respected man in the town. He never forgot the lesson he had learned from the old woman under the oak tree, and he always made sure to share his wisdom with others. He lived a full and happy life, surrounded by people who had also learned to nurture their own happiness seeds.

And so, the story of Tomás and his happiness seed became a legend in Joy, an eternal reminder that true happiness is not found in what we possess, but in how we choose to live our lives. Because happiness, like a seed, needs to be cared for and nourished with love, kindness, and gratitude to grow and flourish.

Las Aventuras de Nico, el Conejo Valiente

Había una vez, en un bosque lleno de árboles altos y claros llenos de flores, un pequeño conejo llamado Nico. Nico no era como los demás conejos de su madriguera. Mientras que sus amigos disfrutaban saltando y jugando cerca de casa, Nico siempre soñaba con explorar más allá del bosque, en busca de aventuras.

Desde que era un conejito, Nico había escuchado historias sobre lugares lejanos: montañas que tocaban el cielo, ríos que brillaban como diamantes bajo la luz del sol, y praderas tan vastas que parecían no tener fin. Cada noche, antes de dormir, Nico imaginaba cómo sería descubrir esos lugares, sentir la hierba alta en sus patas y el viento fresco en sus orejas. Sin embargo, siempre había algo que lo detenía: el miedo a lo desconocido.

Un día, mientras caminaba por el borde del bosque, Nico encontró un mapa viejo y desgastado. Estaba cubierto de polvo, pero cuando lo sacudió, pudo ver un camino dibujado que llevaba a un lugar marcado con una X roja. "Este debe ser un tesoro," pensó Nico emocionado. Su corazón comenzó a latir con fuerza. Quizás, después de todo, esta era la oportunidad que había estado esperando para tener su propia aventura.

Esa noche, mientras todos dormían, Nico se quedó despierto mirando el mapa bajo la luz de la luna. Finalmente, tomó una decisión. Al amanecer, se despediría de su madriguera y seguiría el mapa. Sabía que sería peligroso, pero la idea de descubrir algo nuevo era más fuerte que su miedo.

Al día siguiente, justo cuando el sol comenzaba a asomarse en el horizonte, Nico se puso en marcha. Con el mapa en una pata y su valentía en la otra, avanzó hacia lo desconocido. A medida que se adentraba en el bosque, todo parecía más grande y más silencioso de lo que había imaginado. Los árboles eran altos y frondosos, y sus sombras se extendían como largos brazos sobre el suelo. De vez en cuando, el viento susurraba entre las hojas, como si le estuviera contando secretos.

Nico continuó caminando hasta que llegó al borde de un río que no había visto antes. El agua corría rápido y hacía un ruido suave y constante. En el mapa, vio que debía cruzar el río para seguir el camino. Pero, ¿cómo podría hacerlo? El río parecía demasiado ancho y profundo para un pequeño conejo como él.

Justo cuando estaba a punto de darse por vencido, vio algo brillando en la orilla. Era una rama grande y fuerte que había caído de un árbol cercano. Nico tuvo una idea. Con mucho esfuerzo, empujó la rama hasta el borde del agua y la colocó como un puente improvisado. Su corazón latía con fuerza mientras daba el primer paso. La rama crujió, pero aguantó su peso. Con cuidado, Nico cruzó el río, sin apartar la vista del otro lado.

Al llegar a la otra orilla, Nico se sintió orgulloso de sí mismo. Había superado su primer obstáculo y, aunque su corazón seguía latiendo rápido, algo dentro de él le decía que podía lograrlo. Con renovada determinación, siguió adelante.

El camino lo llevó a través de un campo lleno de flores silvestres que olían tan bien que Nico casi se olvidó de su misión. Sin embargo, continuó siguiendo el mapa, que ahora indicaba que debía subir una colina alta y rocosa. Nico miró hacia arriba, y por un momento, el miedo intentó detenerlo de nuevo. ¿Y si no podía hacerlo? ¿Y si se caía?

Pero entonces recordó cómo había cruzado el río, y cómo había sentido una pequeña chispa de valentía en su interior. Así que, paso a paso, empezó a subir la colina. A veces, las rocas eran resbaladizas y tenía que detenerse para recuperar el aliento, pero no se dio por vencido.

Finalmente, después de lo que pareció una eternidad, Nico llegó a la cima de la colina. El viento soplaba fuerte allí arriba, pero el paisaje que se desplegaba ante sus ojos era más hermoso de lo que jamás había imaginado. Desde la cima, podía ver todo el bosque extendiéndose como un manto verde hasta donde alcanzaba la vista. En la distancia, brillaba un lago azul bajo el sol, y más allá, se erguían montañas majestuosas.

Pero lo que más llamó la atención de Nico fue lo que había en la cima de la colina: una pequeña cueva, escondida entre las rocas. En la entrada, había una inscripción tallada en la piedra. Decía: "El verdadero tesoro no es lo que encuentras, sino lo que descubres en ti mismo."

Nico se acercó a la cueva con cautela. Dentro, todo estaba en silencio, excepto por el suave goteo de agua que caía desde el techo. En el centro de la cueva, había una caja de madera antigua. Con las patas temblorosas, Nico la abrió. Dentro, encontró un espejo pequeño, envuelto en una tela de seda.

Confundido, Nico miró su reflejo en el espejo. ¿Esto era el tesoro? Pero entonces, mientras se miraba a sí mismo, algo comenzó a cambiar. Se dio cuenta de que su reflejo mostraba más que solo su imagen. Mostraba su coraje al cruzar el río, su determinación al subir la colina, y su espíritu aventurero que lo había llevado hasta allí. Nico entendió entonces lo que significaban las palabras en la entrada de la cueva.

El verdadero tesoro no era algo material. Era la valentía, la fuerza y la confianza que había descubierto en su interior durante su viaje. Había salido en busca de un tesoro, pero lo que había encontrado era mucho más valioso: había encontrado su verdadero yo.

Con una sonrisa en el rostro, Nico envolvió el espejo nuevamente en la tela y lo guardó en la caja. Luego, salió de la cueva y comenzó a descender la colina. Esta vez, el camino de regreso al bosque le pareció más fácil.

Sentía que, con cada paso, estaba dejando atrás su antiguo miedo, y en su lugar, estaba llevando consigo una nueva sensación de confianza y alegría.

Cuando regresó a la madriguera, sus amigos se reunieron a su alrededor, curiosos por saber lo que había encontrado. Nico les contó sobre su aventura, el río, la colina, y la cueva con el espejo. Pero lo más importante, les habló de cómo había descubierto el verdadero tesoro: su propia valentía y fuerza.

Sus amigos lo escucharon con asombro, y pronto, la historia de Nico se extendió por todo el bosque. Todos querían saber más sobre el pequeño conejo que había enfrentado sus miedos y había regresado con una sabiduría que ninguno de ellos había imaginado.

A partir de ese día, Nico no fue solo un conejo más en la madriguera. Se convirtió en un ejemplo para todos en el bosque, un recordatorio de que la verdadera valentía no consiste en no tener miedo, sino en enfrentarlo y seguir adelante a pesar de él.

Y así, Nico continuó explorando el bosque, pero ahora lo hacía con una nueva perspectiva. Sabía que las aventuras más grandes no siempre se trataban de lo que encontrabas al final del camino, sino de lo que descubrías sobre ti mismo a lo largo del viaje.

The Adventures of Nico, the Brave Rabbit

Once upon a time, in a forest filled with tall trees and clearings full of flowers, there lived a small rabbit named Nico. Nico was not like the other rabbits in his burrow. While his friends enjoyed hopping and playing close to home, Nico always dreamed of exploring beyond the forest, seeking adventure.

Ever since he was a little bunny, Nico had heard stories about faraway places: mountains that touched the sky, rivers that sparkled like diamonds under the sun, and meadows so vast they seemed endless. Every night before bed, Nico imagined what it would be like to discover those places, to feel the tall grass under his paws and the cool wind in his ears. However, there was always something that held him back: the fear of the unknown.

One day, while walking along the edge of the forest, Nico found an old, worn-out map. It was covered in dust, but when he shook it off, he could see a path drawn that led to a place marked with a red X. "This must be

a treasure," Nico thought excitedly. His heart began to race. Maybe, just maybe, this was the chance he had been waiting for to have his own adventure.

That night, while everyone else slept, Nico stayed awake, staring at the map under the moonlight. Finally, he made a decision. At dawn, he would say goodbye to his burrow and follow the map. He knew it would be dangerous, but the idea of discovering something new was stronger than his fear.

The next day, just as the sun began to rise, Nico set off. With the map in one paw and his courage in the other, he ventured into the unknown. As he ventured deeper into the forest, everything seemed bigger and quieter than he had imagined. The trees were tall and lush, and their shadows stretched like long arms across the ground. Every now and then, the wind whispered through the leaves as if sharing secrets.

Nico kept walking until he reached the edge of a river he had never seen before. The water flowed swiftly and made a soft, constant sound. On the map, he saw that he needed to cross the river to follow the path. But how could he do that? The river seemed too wide and deep for a little rabbit like him.

Just when he was about to give up, he saw something shiny on the shore. It was a large, sturdy branch that had fallen from a nearby tree. Nico had an idea. With great effort, he pushed the branch to the edge of the water and placed it as an improvised bridge. His heart pounded as he took the first step. The branch creaked, but it held his weight. Carefully, Nico crossed the river, never taking his eyes off the other side.

When he reached the other shore, Nico felt proud of himself. He had overcome his first obstacle, and though his heart was still racing, something inside him told him he could do it. With renewed determination, he continued on his way.

The path led him through a field of wildflowers that smelled so good Nico almost forgot about his mission. However, he kept following the map, which now indicated that he had to climb a high, rocky hill. Nico looked up, and for a moment, fear tried to stop him again. What if he couldn't make it? What if he fell?

But then he remembered how he had crossed the river and how he had felt a small spark of courage inside him. So, step by step, he began to climb the hill. Sometimes the rocks were slippery, and he had to stop to catch his breath, but he didn't give up.

Finally, after what seemed like forever, Nico reached the top of the hill. The wind blew strongly up there, but the view that unfolded before his eyes was more beautiful than he had ever imagined. From the top, he could see the entire forest stretching out like a green blanket as far as the eye could see. In the distance, a blue lake shimmered under the sun, and beyond that, majestic mountains stood tall.

But what caught Nico's attention the most was what lay at the top of the hill: a small cave, hidden among the rocks. At the entrance, there was an inscription carved into the stone. It read: "The true treasure is not what you find, but what you discover within yourself."

Nico approached the cave cautiously. Inside, everything was silent except for the soft drip of water from the ceiling. In the center of the cave was an old wooden box. With trembling paws, Nico opened it. Inside, he found a small mirror wrapped in a silk cloth.

Confused, Nico looked at his reflection in the mirror. Was this the treasure? But then, as he gazed at himself, something began to change. He realized that his reflection showed more than just his image. It showed his courage in crossing the river, his determination in climbing the hill, and his adventurous spirit that had led him there. Nico understood then what the words at the cave's entrance meant.

The true treasure wasn't something material. It was the bravery, strength, and confidence he had discovered within himself during his journey. He had set out in search of treasure, but what he had found was much more valuable: he had found his true self.

With a smile on his face, Nico wrapped the mirror in the cloth again and placed it back in the box. Then, he stepped out of the cave and began to descend the hill. This time, the way back to the forest seemed easier. He felt that with every step, he was leaving behind his old fears, and in their place, he was carrying a new sense of confidence and joy.

When he returned to the burrow, his friends gathered around him, curious to know what he had found. Nico told them about his adventure—the river, the hill, and the cave with the mirror. But most importantly, he spoke of how he had discovered the true treasure: his own courage and strength.

His friends listened in awe, and soon, Nico's story spread throughout the forest. Everyone wanted to know more about the little rabbit who had faced his fears and returned with a wisdom none of them had imagined.

From that day on, Nico was no longer just another rabbit in the burrow. He became an example to everyone in the forest, a reminder that true bravery isn't about having no fear, but about facing it and moving forward despite it.

And so, Nico continued to explore the forest, but now he did so with a new perspective. He knew that the greatest adventures weren't always about what you found at the end of the road, but about what you discovered about yourself along the way.

La Canción de la Lluvia

Había una vez, en un pequeño pueblo rodeado de montañas y campos verdes, una niña llamada Sofía. Sofía era conocida por todos en el pueblo por su amor por la naturaleza. Le encantaba pasar horas explorando los bosques, recogiendo flores silvestres y observando las nubes que se deslizaban perezosamente por el cielo. Pero, de todas las maravillas de la naturaleza, lo que más fascinaba a Sofía era la lluvia.

Desde que era pequeña, Sofía había sentido una conexión especial con la lluvia. Mientras otros niños corrían a buscar refugio cuando el cielo se oscurecía y las primeras gotas comenzaban a caer, Sofía se quedaba quieta, levantando la cara hacia el cielo con una sonrisa, disfrutando del suave golpeteo del agua en su piel. Para ella, la lluvia no era solo agua que caía del cielo; era una melodía que hablaba un lenguaje que solo su corazón podía entender.

Una tarde de verano, cuando el sol empezaba a esconderse tras las montañas, Sofía se encontraba sentada bajo un gran roble en el borde del bosque. El aire estaba denso y pesado, y las nubes comenzaban a agruparse en el cielo, formando un manto gris que cubría el pueblo. Sentada allí, Sofía sintió la familiar emoción que siempre la embargaba antes de que comenzara a llover. Cerró los ojos y escuchó el suave susurro del viento entre las hojas, como si el bosque entero estuviera preparándose para la llegada de la lluvia.

Pronto, las primeras gotas comenzaron a caer, ligeras y dispersas al principio, pero pronto se convirtieron en un torrente constante. Sofía se levantó y comenzó a caminar por el bosque, siguiendo el ritmo de la lluvia. Cada gota que caía sobre las hojas, el suelo y su piel creaba una nota en una canción que solo ella podía escuchar. Mientras caminaba,

Sofía comenzó a tararear una melodía suave, siguiendo el ritmo de la lluvia.

A medida que avanzaba por el bosque, Sofía llegó a un pequeño claro donde había un arroyo que serpenteaba suavemente entre las rocas. Allí, bajo la lluvia, vio algo que nunca había visto antes: una figura pequeña y delicada, con alas transparentes que brillaban bajo la lluvia. Era un hada, y estaba llorando.

Sofía se acercó con cuidado. Nunca antes había visto un hada, pero había escuchado historias sobre ellas. Se decía que eran criaturas mágicas que vivían en el bosque, protegiendo a las plantas y los animales. Pero esta hada parecía triste y asustada, como si algo terrible hubiera sucedido.

"Hola," dijo Sofía en voz baja, para no asustarla. "¿Estás bien?"

El hada levantó la cabeza, y sus ojos brillaron con lágrimas. "Oh, niña," dijo con una voz suave y melodiosa, "algo terrible ha sucedido. El río mágico del bosque se ha secado, y sin él, el bosque está perdiendo su vida. Las flores ya no florecen, los animales están tristes, y la magia del bosque está desapareciendo."

Sofía sintió una punzada de tristeza en su corazón. "¿Hay algo que pueda hacer para ayudar?" preguntó, deseando poder hacer algo para aliviar el dolor del hada.

El hada la miró con esperanza. "Eres especial, niña. Tienes una conexión con la naturaleza que pocos tienen. Si puedes encontrar la fuente del río mágico y descubrir por qué se ha secado, tal vez puedas salvar el bosque."

Sofía asintió con determinación. "Lo haré. Dime dónde encontrar la fuente."

El hada señaló hacia las montañas. "La fuente del río está en lo alto de las montañas, en un lugar donde el cielo se encuentra con la tierra. Pero ten cuidado, el camino es difícil y está lleno de desafíos. Debes ser valiente y seguir la canción de la lluvia. Ella te guiará."

Sofía miró hacia las montañas, cuyos picos estaban envueltos en nubes oscuras. Sabía que sería un viaje difícil, pero no podía ignorar la súplica del hada ni el llamado de la naturaleza. Con el sonido de la lluvia como su guía, comenzó a caminar hacia las montañas.

El sendero hacia la fuente del río era empinado y resbaladizo. A medida que ascendía, la lluvia caía con más fuerza, como si el cielo estuviera llorando junto con el bosque. Pero Sofía no se detuvo. Con cada paso, escuchaba la melodía de la lluvia, que la animaba a seguir adelante.

Después de muchas horas de caminar, Sofía llegó a un bosque denso en la ladera de la montaña. Los árboles aquí eran altos y antiguos, y sus ramas formaban un techo que casi bloqueaba la luz del día. El aire estaba lleno del olor a tierra mojada y musgo, y el sonido de la lluvia era un eco lejano.

De repente, Sofía escuchó un ruido extraño, como un lamento que venía de las profundidades del bosque. Siguiendo el sonido, encontró a un ciervo atrapado en un enredo de ramas espinosas. El pobre animal intentaba liberarse, pero cada vez que se movía, las espinas se clavaban más en su piel.

Sofía se acercó con cuidado. "Tranquilo," dijo con suavidad, "te ayudaré." Con manos delicadas, comenzó a desenredar las ramas, cortando las espinas que mantenían atrapado al ciervo. Aunque el animal estaba asustado, pareció entender que Sofía estaba allí para ayudarlo y dejó de luchar.

Finalmente, después de mucho esfuerzo, Sofía liberó al ciervo. El animal la miró con gratitud en sus ojos oscuros y, después de un momento, se inclinó y frotó su cabeza contra su brazo, como si le estuviera dando las gracias. Luego, desapareció entre los árboles, dejando a Sofía con una cálida sensación en el corazón.

Sofía continuó su viaje, sintiéndose más conectada con la naturaleza que nunca. Sabía que el bosque estaba vivo, y que cada criatura, cada planta y cada gota de lluvia tenía un papel que desempeñar en su equilibrio. Mientras seguía caminando, la melodía de la lluvia parecía cambiar, volviéndose más alegre, como si la naturaleza estuviera agradecida por su ayuda.

Finalmente, después de lo que pareció una eternidad, Sofía llegó a la cima de la montaña. Allí, encontró un pequeño estanque rodeado de rocas y flores. Era la fuente del río mágico. Pero algo estaba mal. El agua que una vez fluía clara y pura ahora estaba oscura y estancada. El aire alrededor del estanque estaba frío y silencioso, como si el tiempo mismo se hubiera detenido.

Sofía se acercó al estanque y miró dentro. En el fondo, vio algo que la hizo estremecerse: una gran piedra había caído en el agua, bloqueando el flujo natural del río. Sin el flujo del agua, la vida del bosque estaba desvaneciéndose.

Sofía sabía lo que tenía que hacer. Se arrodilló junto al estanque y metió las manos en el agua fría. La piedra era grande y pesada, y no estaba segura de si podría moverla. Pero recordó las palabras del hada: "Sigue la canción de la lluvia." Cerró los ojos y escuchó. La lluvia caía suavemente sobre el estanque, creando ondas en la superficie. Escuchando la melodía, sintió una fuerza dentro de ella que no había sentido antes.

Con todas sus fuerzas, empujó la piedra. Al principio, no se movió, pero Sofía no se rindió. Continuó empujando, escuchando el ritmo de la lluvia, hasta que finalmente, con un esfuerzo final, la piedra se deslizó y rodó fuera del estanque.

En el momento en que la piedra se movió, el agua comenzó a fluir nuevamente. Primero, un pequeño hilo de agua, luego un torrente que llenó el estanque y comenzó a descender por la montaña, devolviendo la vida al río. Sofía se quedó sentada en la orilla, viendo cómo el agua limpia y brillante corría libremente una vez más.

De repente, sintió una presencia a su lado. Era el hada, que había seguido su viaje y ahora la miraba con una sonrisa de alivio. "Lo has hecho," dijo suavemente. "Has salvado el bosque."

Sofía sonrió, sintiéndose llena de alegría y satisfacción. Sabía que no había sido solo su fuerza física lo que había movido la piedra, sino su amor por la naturaleza y su conexión con la lluvia. La canción de la lluvia la había guiado, dándole el valor y la determinación para completar su misión.

El hada extendió su mano y, con un gesto suave, creó una pequeña flor en la palma de Sofía. "Este es un símbolo de tu valentía y tu corazón puro," dijo el hada. "Llévalo contigo siempre, y recuerda que la naturaleza siempre te hablará si estás dispuesta a escuchar."

Sofía tomó la flor con gratitud y la colocó en su bolsillo. Luego, se despidió del hada y comenzó a descender la montaña. A medida que bajaba, podía ver cómo el río había vuelto a su cauce natural, y cómo el bosque comenzaba a revivir. Las flores volvían a florecer, los animales salían de sus escondites, y el aire estaba lleno de sonidos de vida y alegría.

Cuando Sofía llegó al claro donde había encontrado al hada, el cielo comenzó a despejarse. Las nubes grises se separaron, y el sol se asomó, bañando el bosque con su cálida luz dorada. La lluvia se detuvo, y un arco iris brillante apareció en el cielo, como un puente que conectaba la tierra con el cielo.

Sofía se detuvo y miró hacia el arco iris. Sabía que era un símbolo de la armonía restaurada en el bosque, y también de su propia aventura. Había aprendido que la verdadera magia de la naturaleza no estaba solo en lo que se podía ver o tocar, sino en lo que se podía sentir y escuchar en lo más profundo del corazón.

Con una sonrisa en los labios, Sofía regresó a su pueblo. Mientras caminaba por las calles empedradas, la gente la saludaba con alegría, preguntándole sobre su aventura. Sofía les contó la historia, pero no se centró en los peligros o las dificultades que había enfrentado. En cambio, habló de la melodía de la lluvia, de cómo la había guiado y de cómo había aprendido a escuchar el corazón de la naturaleza.

Desde ese día, Sofía fue conocida en todo el pueblo como "la niña que escuchaba la lluvia". Y aunque siguió explorando los bosques y los campos, siempre lo hizo con una nueva comprensión de la vida y de sí misma.

The Song of the Rain

Once upon a time, in a small village surrounded by mountains and green fields, there was a girl named Sofía. Sofía was known by everyone in the village for her love of nature. She loved spending hours exploring the forests, picking wildflowers, and watching the clouds lazily drift across the sky. But of all the wonders of nature, what fascinated Sofía the most was the rain.

Since she was little, Sofía had felt a special connection with the rain. While other children ran for shelter when the sky darkened, and the first drops began to fall, Sofía stayed still, lifting her face to the sky with a smile, enjoying the gentle patter of water on her skin. To her, rain was not just water falling from the sky; it was a melody that spoke a language only her heart could understand.

One summer afternoon, as the sun began to hide behind the mountains, Sofía was sitting under a large oak tree on the edge of the forest. The air was thick and heavy, and the clouds were gathering in the sky, forming a gray blanket that covered the village. Sitting there, Sofía felt the familiar excitement that always enveloped her before it began to rain. She closed her eyes and listened to the gentle whisper of the wind through the leaves, as if the entire forest was preparing for the arrival of the rain.

Soon, the first drops began to fall, light and scattered at first, but soon turning into a steady downpour. Sofía stood up and began to walk through the forest, following the rhythm of the rain. Every drop that fell on the leaves, the ground, and her skin created a note in a song that only she could hear. As she walked, Sofía began to hum a soft melody, following the rain's rhythm.

As she ventured deeper into the forest, Sofía reached a small clearing where a stream wound gently between rocks. There, under the rain, she saw something she had never seen before: a small, delicate figure with transparent wings that sparkled in the rain. It was a fairy, and it was crying.

Sofía approached carefully. She had never seen a fairy before, but she had heard stories about them. It was said that they were magical creatures that lived in the forest, protecting plants and animals. But this fairy seemed sad and scared, as if something terrible had happened.

"Hello," Sofía said softly, so as not to frighten her. "Are you okay?"

The fairy looked up, and her eyes shone with tears. "Oh, child," she said in a soft, melodic voice, "something terrible has happened. The magical river of the forest has dried up, and without it, the forest is losing its life. The flowers no longer bloom, the animals are sad, and the magic of the forest is fading."

Sofía felt a pang of sadness in her heart. "Is there anything I can do to help?" she asked, wishing she could do something to ease the fairy's pain.

The fairy looked at her with hope. "You are special, child. You have a connection with nature that few have. If you can find the source of the magical river and discover why it has dried up, you might be able to save the forest."

Sofía nodded determinedly. "I will. Tell me where to find the source."

The fairy pointed towards the mountains. "The source of the river is high in the mountains, in a place where the sky meets the earth. But be careful, the path is difficult and full of challenges. You must be brave and follow the song of the rain. It will guide you."

Sofía looked up at the mountains, their peaks shrouded in dark clouds. She knew it would be a difficult journey, but she could not ignore the fairy's plea or the call of nature. With the sound of the rain as her guide, she began to walk towards the mountains.

The path to the source of the river was steep and slippery. As she climbed, the rain fell harder, as if the sky was crying along with the forest. But Sofía did not stop. With each step, she listened to the melody of the rain, which encouraged her to keep going.

After many hours of walking, Sofía reached a dense forest on the mountainside. The trees here were tall and ancient, and their branches formed a canopy that almost blocked out the daylight. The air was filled with the smell of damp earth and moss, and the sound of the rain was a distant echo.

Suddenly, Sofía heard a strange noise, like a wail coming from deep within the forest. Following the sound, she found a deer trapped in a tangle of thorny branches. The poor animal was trying to free itself, but every time it moved, the thorns dug deeper into its skin.

Sofía approached carefully. "Easy," she said softly, "I will help you." With delicate hands, she began to untangle the branches, cutting the thorns that held the deer captive. Although the animal was frightened, it seemed to understand that Sofía was there to help and stopped struggling.

Finally, after much effort, Sofía freed the deer. The animal looked at her with gratitude in its dark eyes, and after a moment, it bowed its head and nuzzled her arm as if to say thank you. Then, it disappeared among the trees, leaving Sofía with a warm feeling in her heart.

Sofía continued her journey, feeling more connected to nature than ever. She knew that the forest was alive and that every creature, every plant, and every drop of rain had a role to play in its balance. As she kept walking, the melody of the rain seemed to change, becoming more joyful, as if nature was grateful for her help.

Finally, after what felt like an eternity, Sofía reached the top of the mountain. There, she found a small pond surrounded by rocks and flowers. It was the source of the magical river. But something was wrong. The water that once flowed clear and pure was now dark and stagnant. The air around the pond was cold and silent, as if time itself had stopped.

Sofía approached the pond and looked inside. At the bottom, she saw something that made her shiver: a large stone had fallen into the water, blocking the river's natural flow. Without the water's flow, the forest's life was fading away.

Sofía knew what she had to do. She knelt by the pond and dipped her hands into the cold water. The stone was big and heavy, and she wasn't sure if she could move it. But she remembered the fairy's words: "Follow the song of the rain." She closed her eyes and listened. The rain fell gently on the pond, creating ripples on the surface. Listening to the melody, she felt a strength within her that she had not felt before.

With all her might, she pushed the stone. At first, it didn't move, but Sofía didn't give up. She kept pushing, listening to the rhythm of the rain, until finally, with one last effort, the stone slid and rolled out of the pond.

The moment the stone moved, the water began to flow again. First, a small trickle, then a torrent that filled the pond and began to descend the mountain, bringing life back to the river. Sofía sat on the shore, watching as the clean, bright water flowed freely once more.

Suddenly, she felt a presence beside her. It was the fairy, who had followed her journey and now looked at her with a smile of relief. "You did it," she said softly. "You saved the forest."

Sofía smiled, feeling full of joy and satisfaction. She knew that it wasn't just her physical strength that had moved the stone but her love for nature and her connection to the rain. The song of the rain had guided her, giving her the courage and determination to complete her mission.

The fairy extended her hand and, with a gentle gesture, created a small flower in Sofía's palm. "This is a symbol of your bravery and pure heart," said the fairy. "Carry it with you always, and remember that nature will always speak to you if you are willing to listen."

Sofía gratefully took the flower and placed it in her pocket. Then, she said goodbye to the fairy and began to descend the mountain. As she walked down, she could see how the river had returned to its natural course, and how the forest was beginning to revive. Flowers were blooming again, animals were emerging from their hiding places, and the air was filled with the sounds of life and joy.

When Sofía reached the clearing where she had found the fairy, the sky began to clear. The gray clouds parted, and the sun peeked through, bathing the forest in its warm golden light. The rain stopped, and a bright rainbow appeared in the sky, like a bridge connecting the earth with the heavens.

Sofía stopped and looked up at the rainbow. She knew it was a symbol of the harmony restored in the forest and also of her own adventure. She had learned that the true magic of nature was not just in what could be seen or touched but in what could be felt and heard deep in the heart.

With a smile on her lips, Sofía returned to her village. As she walked through the cobblestone streets, people greeted her with joy, asking about her adventure. Sofía told them the story, but she didn't focus on the dangers or challenges she had faced. Instead, she spoke of the melody of the rain, how it had guided her, and how she had learned to listen to the heart of nature.

From that day on, Sofía was known throughout the village as "the girl who listened to the rain." And though she continued to explore the forests and fields, she always did so with a new understanding of life and of herself.

El Sombrero de los Sueños

En un pequeño pueblo anidado entre montañas y valles, vivía un niño llamado Tomás. Tomás era conocido por su curiosidad insaciable y su habilidad para soñar despierto. Cada día, cuando el sol se escondía detrás de las colinas y la luna comenzaba a brillar en el cielo, Tomás se acomodaba en su rincón favorito del jardín, rodeado de flores y mariposas, y se dejaba llevar por sus pensamientos. Pero había un objeto en particular que siempre captaba su imaginación: el sombrero de su abuelo.

El sombrero era antiguo y estaba hecho de un material suave y dorado que brillaba como si tuviera su propia luz. Había sido pasado de generación en generación, y cada uno de los abuelos de Tomás había llevado ese sombrero en sus momentos más especiales. Era un sombrero que, según las historias familiares, tenía el poder de hacer realidad los sueños de quien lo llevara.

Un día, mientras Tomás jugaba en el jardín, encontró el sombrero en el desván de su casa. Estaba cubierto de polvo y telarañas, pero aún conservaba su brillo dorado. Tomás lo sacudió con cuidado y lo colocó sobre su cabeza. En ese instante, sintió un cosquilleo en la cabeza, como si el sombrero estuviera susurrándole secretos.

Tomás decidió que quería descubrir qué tipo de sueños podía realizar el sombrero. Así que, esa noche, cuando el pueblo estaba envuelto en silencio y las estrellas parpadeaban en el cielo, se puso el sombrero y se tumbó en su cama, con la esperanza de que el sombrero le llevara a una aventura maravillosa.

A medida que se sumía en el sueño, se encontró en un bosque mágico, lleno de árboles que susurraban y flores que brillaban en la oscuridad.

Tomás caminó con asombro por el bosque, y pronto llegó a un claro donde se encontraba un grupo de criaturas encantadoras: pequeños dragones de colores, hadas luminosas y animales con alas. Ellos estaban todos bailando y cantando alrededor de una gran fuente de agua que emitía una luz plateada.

Un hada se acercó a Tomás y le dio la bienvenida. "Hola, Tomás. Te hemos estado esperando. El sombrero que llevas es un símbolo de tus sueños y tu corazón puro. Aquí, en el Reino de los Sueños, queremos mostrarte algo muy especial."

Tomás observó con asombro mientras las criaturas mágicas danzaban alrededor de la fuente. El agua en la fuente parecía tener vida propia, saltando y jugando con los reflejos de la luz. El hada le explicó que esa fuente era el corazón del Reino de los Sueños y que su magia mantenía viva la alegría y la felicidad en el reino.

Sin embargo, el hada también le reveló una preocupación. "El agua de la fuente está comenzando a desvanecerse. La magia del reino está perdiendo su fuerza, y necesitamos encontrar la causa de este problema. Creemos que el sombrero tiene el poder de guiarnos hacia la solución."

Tomás se sintió honrado de que le pidieran ayuda, y con determinación aceptó la misión. El hada le entregó una pequeña brújula dorada que brillaba con la misma luz que el sombrero. "Esta brújula te llevará a la fuente de la pérdida de la magia. Sigue su dirección y recuerda que el corazón de quien lleva el sombrero es la clave para restaurar la alegría en el reino."

Con la brújula en mano, Tomás comenzó su aventura. La brújula lo guió a través de senderos serpenteantes y puentes flotantes hasta un oscuro laberinto subterráneo. El aire en el laberinto era fresco y misterioso, y las paredes estaban cubiertas de extrañas inscripciones que parecían contar historias antiguas.

A medida que avanzaba, Tomás encontró una puerta antigua con un intrincado grabado de un sol y una luna entrelazados. La puerta estaba cerrada, pero en el centro había un espacio para colocar algo. Recordando las historias sobre el sombrero, Tomás sacó el sombrero de su cabeza y lo colocó en el espacio. Al instante, la puerta se abrió con un suave crujido, revelando una habitación llena de luces parpadeantes y objetos brillantes.

En el centro de la habitación, había una gran esfera de cristal que emitía una luz tenue. Alrededor de la esfera, había una serie de pequeños cristales que parecían estar drenando la luz de la esfera. Tomás se dio cuenta de que la esfera era la fuente de la magia que había comenzado a desvanecerse. Sin la luz de la esfera, el Reino de los Sueños perdería su vitalidad.

Tomás se acercó a la esfera y examinó los cristales. Parecían estar absorbiendo la luz en lugar de reflejarla. Recordó la sabiduría del hada y comprendió que la solución no era simplemente reemplazar la luz, sino devolver la magia al corazón de la esfera.

Con la brújula dorada y el sombrero en mano, Tomás se concentró en sus pensamientos y recuerdos más felices. Pensó en sus amigos, en su familia y en las cosas que le traían alegría. A medida que sus pensamientos positivos llenaban la habitación, la esfera comenzó a brillar más intensamente, y los cristales comenzaron a liberar la luz que habían absorbido.

Poco a poco, la luz de la esfera se volvió más brillante y cálida, y el brillo se extendió por todo el laberinto. La magia del Reino de los Sueños comenzó a restaurarse, y las criaturas mágicas volvieron a danzar y cantar con alegría. El hada apareció en la habitación y sonrió con gratitud.

"Has hecho un trabajo maravilloso, Tomás," dijo el hada. "La magia del reino está restaurada gracias a tu corazón puro y a tu valentía. Has demostrado que el verdadero poder del sombrero no está en su apariencia, sino en la capacidad de quien lo lleva para llenar el mundo con amor y felicidad."

Tomás se sintió satisfecho y emocionado al saber que había ayudado a restaurar la magia en el Reino de los Sueños. El hada le ofreció un pequeño regalo: una estrella dorada que brillaba con la luz de la esfera. "Esta estrella es un símbolo de tu valentía y tu bondad. Llévala contigo como un recordatorio de que siempre puedes traer luz y alegría al mundo."

Con la estrella dorada en el bolsillo y el sombrero en la cabeza, Tomás regresó al mundo real. Despertó en su cama, sintiéndose renovado y lleno de energía. Sabía que el sombrero de su abuelo tenía un poder especial, pero también entendía que el verdadero poder provenía de su propio corazón y de la capacidad de ver la magia en el mundo que lo rodeaba.

Desde ese día, Tomás llevó el sombrero con él siempre que necesitaba un recordatorio de la magia y la alegría que había encontrado en el Reino de los Sueños. El sombrero no solo le recordaba su aventura mágica, sino que también le enseñaba a apreciar las pequeñas cosas de la vida y a encontrar la belleza en lo cotidiano.

La estrella dorada se convirtió en un tesoro preciado para Tomás, y siempre la guardó cerca de su corazón. Cada vez que miraba la estrella, recordaba la lección que había aprendido en el Reino de los Sueños: que el verdadero poder de la magia reside en la capacidad de llevar luz y amor al mundo, sin importar cuán pequeño o grande sea el acto.

The Dream Hat

In a small village nestled between mountains and valleys, there lived a boy named Tomás. Tomás was known for his insatiable curiosity and his ability to daydream. Every day, as the sun sank behind the hills and the moon began to shine in the sky, Tomás would settle into his favorite corner of the garden, surrounded by flowers and butterflies, and let his thoughts wander. But there was one particular object that always captivated his imagination: his grandfather's hat.

The hat was old and made of a soft, golden material that shimmered as if it had its own light. It had been passed down through generations, and each of Tomás's grandparents had worn the hat on their most special occasions. It was said, according to family stories, that the hat had the power to make dreams come true for whoever wore it.

One day, while Tomás was playing in the garden, he found the hat in the attic of his house. It was covered in dust and cobwebs, but it still retained its golden gleam. Tomás shook it off carefully and placed it on his head. At that moment, he felt a tingling sensation, as if the hat were whispering secrets to him.

Tomás decided he wanted to discover what kind of dreams the hat could fulfill. So, that night, when the village was wrapped in silence and the stars twinkled in the sky, he put on the hat and lay in bed, hoping the hat would take him on a wonderful adventure.

As he drifted into sleep, he found himself in a magical forest, full of trees that whispered and flowers that glowed in the dark. Tomás walked in awe through the forest, and soon arrived at a clearing where a group of enchanting creatures were gathered: colorful little dragons, luminous fairies, and winged animals. They were all dancing and singing around a large fountain that emitted a silvery light.

A fairy approached Tomás and welcomed him. "Hello, Tomás. We have been waiting for you. The hat you are wearing is a symbol of your dreams and pure heart. Here, in the Realm of Dreams, we want to show you something very special."

Tomás watched in wonder as the magical creatures danced around the fountain. The water in the fountain seemed to have a life of its own, jumping and playing with the reflections of light. The fairy explained that this fountain was the heart of the Realm of Dreams, and its magic kept joy and happiness alive in the realm.

However, the fairy also revealed a concern. "The water in the fountain is beginning to fade. The magic of the realm is losing its strength, and we need to find the cause of this problem. We believe the hat has the power to guide us to the solution."

Tomás felt honored to be asked for help, and with determination, he accepted the mission. The fairy gave him a small golden compass that glowed with the same light as the hat. "This compass will lead you to the source of the magic loss. Follow its direction and remember that the heart of the hat wearer is the key to restoring joy in the realm."

With the compass in hand, Tomás began his adventure. The compass led him through winding paths and floating bridges to a dark underground labyrinth. The air in the labyrinth was cool and mysterious, and the walls were covered with strange inscriptions that seemed to tell ancient stories.

As he progressed, Tomás found an old door with an intricate carving of a sun and moon intertwined. The door was closed, but in the center was a space for something to be placed. Remembering the stories about the hat, Tomás took the hat off his head and placed it in the space. Instantly, the door opened with a soft creak, revealing a room full of twinkling lights and bright objects.

In the center of the room was a large crystal sphere emitting a faint light. Surrounding the sphere were a series of small crystals that seemed to be draining the light from the sphere. Tomás realized that the sphere was the source of the magic that was beginning to fade. Without the sphere's light, the Realm of Dreams would lose its vitality.

Tomás approached the sphere and examined the crystals. They seemed to be absorbing the light rather than reflecting it. He remembered the fairy's wisdom and understood that the solution was not just to replace the light but to restore the magic to the heart of the sphere.

With the golden compass and the hat in hand, Tomás focused on his happiest thoughts and memories. He thought of his friends, his family, and the things that brought him joy. As his positive thoughts filled the room, the sphere began to shine more brightly, and the crystals started to release the light they had absorbed.

Slowly, the light from the sphere became brighter and warmer, and the glow spread throughout the labyrinth. The magic of the Realm of Dreams began to be restored, and the magical creatures returned to dancing and singing with joy. The fairy appeared in the room and smiled with gratitude.

"You have done a wonderful job, Tomás," said the fairy. "The magic of the realm is restored thanks to your pure heart and bravery. You have shown that the true power of the hat is not in its appearance but in the ability of the wearer to fill the world with love and happiness."

Tomás felt content and excited to know that he had helped restore the magic in the Realm of Dreams. The fairy gave him a small gift: a golden star that shone with the light of the sphere. "This star is a symbol of your bravery and kindness. Carry it with you as a reminder that you can always bring light and joy to the world."

With the golden star in his pocket and the hat on his head, Tomás returned to the real world. He awoke in his bed, feeling refreshed and energized. He knew that his grandfather's hat had a special power, but he also understood that the true power came from his own heart and his ability to see magic in the world around him.

From that day on, Tomás wore the hat whenever he needed a reminder of the magic and joy he had found in the Realm of Dreams. The hat not only reminded him of his magical adventure but also taught him to appreciate the small things in life and find beauty in the ordinary.

The golden star became a treasured keepsake for Tomás, and he always kept it close to his heart. Every time he looked at the star, he remembered the lesson he had learned in the Realm of Dreams: that the true power of magic lies in bringing light and love to the world, no matter how small or large the act.

El Pequeño Sol

En un rincón apartado del mundo, donde los bosques eran densos y los ríos susurraban secretos antiguos, vivía una niña llamada Luna. Su nombre no era una coincidencia, porque desde que era muy pequeña, Luna había sentido una conexión especial con el cielo nocturno. Cada noche, antes de dormir, se asomaba por la ventana y observaba el brillo de las estrellas y la majestuosa luna.

Un día, mientras exploraba el bosque cercano, Luna encontró una cueva oculta entre las rocas. La entrada estaba cubierta de enredaderas y musgo, y parecía que nadie había entrado allí en mucho tiempo. La curiosidad de Luna fue más fuerte que el miedo, así que empujó las enredaderas a un lado y entró en la cueva.

Dentro, la cueva estaba iluminada por una luz suave y cálida. Luna siguió avanzando y encontró un lugar donde la luz era más intensa. En el centro de la cueva había una piedra grande, y sobre ella reposaba una esfera de cristal que brillaba con un resplandor dorado. La esfera estaba rodeada de pequeñas estrellas doradas y plateadas, que flotaban en el aire como luciérnagas.

Luna se acercó con cuidado y tocó la esfera. De inmediato, sintió una oleada de calidez y tranquilidad que la envolvía. La esfera comenzó a vibrar suavemente y, de repente, una voz amable emergió de ella. "Hola, Luna," dijo la voz. "Soy la Luna de Cristal, y he estado esperando a alguien como tú."

Luna se sorprendió al oír la voz de la esfera, pero también se sintió emocionada. "¿Quién eres?" preguntó.

"Soy la guardiana de los sueños y las estrellas," respondió la voz. "He estado aquí durante siglos, cuidando de los sueños de todos los que miran el cielo nocturno. Pero, recientemente, la luz de mi esfera ha comenzado a desvanecerse, y los sueños se están volviendo menos brillantes."

Luna frunció el ceño, preocupada. "¿Qué puedo hacer para ayudar?"

"Necesito que encuentres al Pequeño Sol," dijo la Luna de Cristal. "Es una estrella diminuta que vive en el corazón de un antiguo bosque. Él tiene el poder de restaurar la luz de mi esfera y devolver el brillo a los sueños. Pero, para encontrarlo, necesitarás el mapa de las estrellas y el Corazón de la Noche."

Luna asintió con determinación. "Haré todo lo que pueda para ayudarte."

La Luna de Cristal brilló con gratitud y le entregó a Luna un pequeño mapa hecho de estrellas brillantes y un colgante en forma de luna. "Este mapa te guiará hacia el Pequeño Sol, y el Corazón de la Noche te protegerá en tu viaje."

Luna salió de la cueva con el mapa y el colgante, lista para emprender su misión. El mapa estaba lleno de constelaciones y senderos estelares que indicaban el camino hacia el corazón del bosque. A medida que avanzaba, la noche se volvió más profunda, y el bosque se convirtió en un lugar de sombras y susurros.

Siguió el mapa cuidadosamente, guiada por la luz suave del colgante. En el camino, encontró animales nocturnos que la miraban con curiosidad y árboles que susurraban en el viento. Finalmente, llegó a un claro en el bosque donde el aire estaba lleno de una dulce fragancia floral.

En el centro del claro había un viejo roble con un tronco ancho y raíces que se extendían como brazos abiertos. La luz de las estrellas se reflejaba en el tronco del árbol, creando un resplandor mágico. Luna se acercó al roble y vio una pequeña puerta escondida entre las raíces.

Abrió la puerta con cuidado y descendió por unas escaleras que llevaban a una cueva subterránea. En el centro de la cueva había un pequeño pedestal, y sobre él reposaba una estrella diminuta que brillaba con una luz cálida y dorada. Alrededor de la estrella había pequeños fragmentos de cristal que parecían danzar en el aire.

Luna se acercó al pedestal y tocó la estrella. Al instante, la luz del Pequeño Sol se expandió, llenando la cueva con un resplandor cálido y reconfortante. La estrella parecía latir con una energía viva, y Luna sintió una profunda conexión con ella.

"Soy el Pequeño Sol," dijo la estrella con una voz suave y melodiosa. "He estado esperando a que alguien valiente como tú viniera a buscarme. La Luna de Cristal necesita mi luz para restaurar su esfera y devolver el brillo a los sueños."

Luna asintió con una sonrisa. "Sí, lo sé. Estoy aquí para ayudarte."

El Pequeño Sol se deslizó suavemente del pedestal y se dirigió hacia Luna. Ella lo sostuvo con cuidado en sus manos, sintiendo su cálida energía. "Vamos a devolver tu luz a la Luna de Cristal," dijo Luna con determinación.

Juntos, Luna y el Pequeño Sol emprendieron el viaje de regreso a la cueva de la Luna de Cristal. El viaje fue más rápido ahora que la luz del Pequeño Sol iluminaba el camino, y la oscuridad del bosque se desvanecía ante su resplandor.

Cuando llegaron a la cueva, la Luna de Cristal esperó con ansiedad. "¿Tienes al Pequeño Sol?" preguntó.

"Sí," respondió Luna, mostrando la estrella dorada. "Vamos a restaurar tu luz."

Luna colocó cuidadosamente al Pequeño Sol en el centro de la esfera de cristal. Al instante, la esfera comenzó a brillar con una luz intensa y cálida. La luz se expandió por toda la cueva, llenándola con un resplandor dorado y mágico. La Luna de Cristal brilló con un nuevo esplendor, y los pequeños fragmentos de estrella alrededor de la esfera comenzaron a danzar en el aire con alegría.

"Has hecho un trabajo maravilloso, Luna," dijo la Luna de Cristal con una voz llena de gratitud. "Gracias a ti, los sueños volverán a brillar con su luz más intensa. Tu valentía y tu pureza de corazón han restaurado la magia de la noche."

Luna sonrió, sintiendo una profunda satisfacción. "Estoy feliz de haber podido ayudar."

La Luna de Cristal le entregó a Luna un pequeño amuleto en forma de estrella. "Este amuleto es un símbolo de tu coraje y tu bondad. Llévalo contigo como un recordatorio de que siempre puedes traer luz y esperanza a los lugares más oscuros."

Con el amuleto en mano y el corazón lleno de alegría, Luna regresó a su hogar. El bosque ya no le parecía tan oscuro, y el cielo nocturno parecía brillar con una nueva intensidad. Sabía que siempre podría mirar las estrellas y recordar la magia que había encontrado en su aventura.

El amuleto en forma de estrella se convirtió en un tesoro preciado para Luna, y siempre lo llevaba consigo para recordar la lección que había aprendido: que la verdadera magia reside en la capacidad de traer luz y esperanza a los demás.

The Little Sun

In a remote corner of the world, where the forests were dense and the rivers whispered ancient secrets, there lived a girl named Luna. Her name was no coincidence, for since she was very young, Luna had felt a special connection with the night sky. Every night, before going to sleep, she would look out her window and marvel at the sparkle of the stars and the majestic moon.

One day, while exploring the nearby forest, Luna stumbled upon a hidden cave nestled between the rocks. The entrance was covered with vines and moss, and it seemed that no one had been there for a long time. Luna's curiosity was stronger than her fear, so she pushed aside the vines and stepped into the cave.

Inside, the cave was illuminated by a soft, warm light. Luna followed the light and soon arrived at a place where it was even brighter. In the center of the cave was a large stone, and upon it rested a crystal sphere that glowed with a golden radiance. The sphere was surrounded by tiny golden and silver stars floating in the air like fireflies.

Luna approached carefully and touched the sphere. Immediately, she felt a wave of warmth and tranquility enveloping her. The sphere began to vibrate gently, and suddenly, a kind voice emerged from it. "Hello, Luna," said the voice. "I am the Crystal Moon, and I have been waiting for someone like you."

Luna was surprised to hear the voice from the sphere but also felt excited. "Who are you?" she asked.

"I am the guardian of dreams and stars," replied the voice. "I have been here for centuries, taking care of the dreams of everyone who gazes at the night sky. But recently, the light of my sphere has begun to fade, and dreams are becoming less bright."

Luna frowned with concern. "What can I do to help?"

"I need you to find the Little Sun," said the Crystal Moon. "It is a tiny star that lives in the heart of an ancient forest. It has the power to restore the light of my sphere and bring back the shine to dreams. But to find it, you will need the Star Map and the Heart of the Night."

Luna nodded with determination. "I will do everything I can to help."

The Crystal Moon shone with gratitude and handed Luna a small map made of shining stars and a pendant shaped like a moon. "This map will guide you to the Little Sun, and the Heart of the Night will protect you on your journey."

Luna left the cave with the map and the pendant, ready to begin her quest. The map was filled with constellations and starry paths that indicated the way to the heart of the forest. As she advanced, the night grew deeper, and the forest turned into a place of shadows and whispers.

She followed the map carefully, guided by the soft light of the pendant. Along the way, she encountered nocturnal animals that watched her with curiosity and trees that whispered in the wind. Eventually, she reached a clearing in the forest where the air was filled with a sweet floral fragrance.

In the center of the clearing stood an old oak tree with a wide trunk and roots stretching out like open arms. The light of the stars reflected off the tree's trunk, creating a magical glow. Luna approached the oak and saw a small door hidden among the roots.

She opened the door carefully and descended a staircase that led to an underground cave. In the center of the cave was a small pedestal, and upon it rested a tiny star that shone with a warm, golden light. Around the star were tiny fragments of crystal that seemed to dance in the air.

Luna approached the pedestal and touched the star. Instantly, the light of the Little Sun expanded, filling the cave with a warm and comforting glow. The star seemed to pulse with a vibrant energy, and Luna felt a deep connection with it.

"I am the Little Sun," said the star with a soft, melodious voice. "I have been waiting for someone brave like you to come and find me. The Crystal Moon needs my light to restore its sphere and bring back the shine to dreams."

Luna nodded with a smile. "Yes, I know. I am here to help."

The Little Sun gently floated off the pedestal and towards Luna. She held it carefully in her hands, feeling its warm energy. "Let's return your light to the Crystal Moon," Luna said determinedly.

Together, Luna and the Little Sun embarked on the journey back to the Crystal Moon's cave. The journey was quicker now, as the light of the Little Sun illuminated the way, and the darkness of the forest receded before its glow.

When they arrived at the cave, the Crystal Moon awaited anxiously. "Do you have the Little Sun?" it asked.

"Yes," Luna replied, showing the golden star. "Let's restore your light."

Luna gently placed the Little Sun in the center of the crystal sphere. Instantly, the sphere began to shine with an intense and warm light. The light spread throughout the cave, filling it with a golden and magical glow. The Crystal Moon shone with a new brilliance, and the tiny star fragments around the sphere began to dance in the air with joy.

"You have done a wonderful job, Luna," said the Crystal Moon with a voice full of gratitude. "Thanks to you, dreams will shine brightly once again. Your bravery and pure heart have restored the magic of the night."

Luna smiled, feeling a deep sense of satisfaction. "I'm happy I could help."

The Crystal Moon gave Luna a small star-shaped charm. "This charm is a symbol of your courage and kindness. Carry it with you as a reminder that you can always bring light and hope to the darkest places."

With the charm in hand and her heart full of joy, Luna returned home. The forest no longer seemed so dark, and the night sky appeared to shine with a new intensity. She knew that she could always look up at the stars and remember the magic she had discovered on her adventure.

The star-shaped charm became a treasured keepsake for Luna, and she always carried it with her to remember the lesson she had learned: that the true magic lies in bringing light and hope to others.